Impressum
Verlag: BABADADA GmbH, Nedderfeld 112 , 22529 Hamburg
Geschäftsführer / Verlagsleitung: Harald Hof
Druck: Books on Demand GmbH, In de Tarpen 42, 22848 Norderstedt

Imprint
Publisher: BABADADA GmbH, Nedderfeld 112 , 22529 Hamburg, Germany
Managing Director / Publishing direction: Harald Hof
Print: Books on Demand GmbH, In de Tarpen 42, 22848 Norderstedt, Germany

škola

ښوونځی

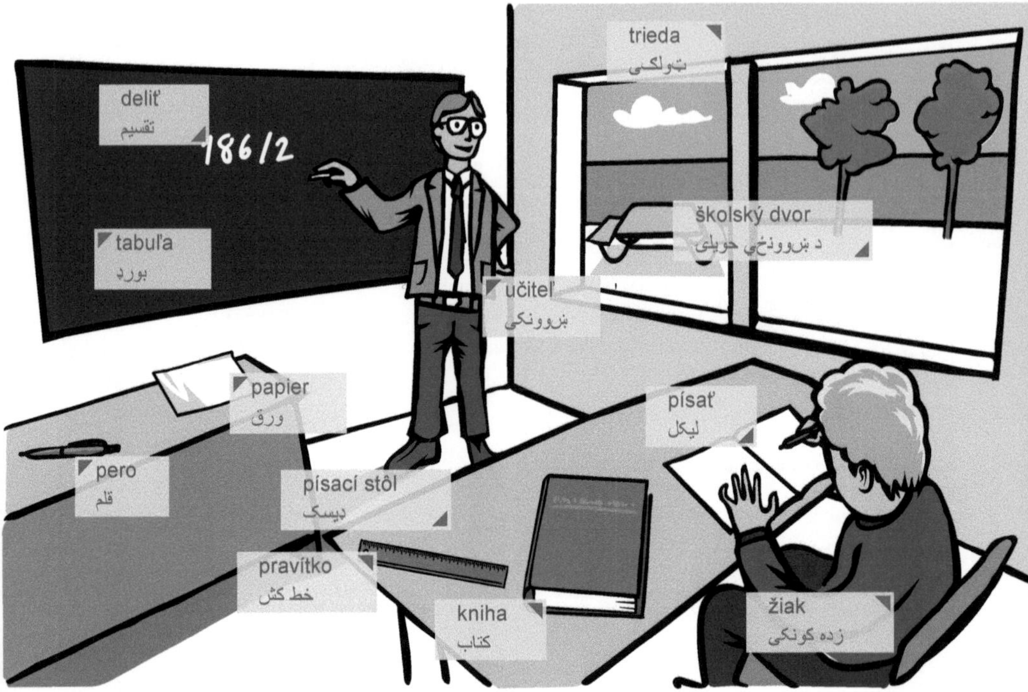
trieda
ټولګی
deliť
تقسیم
186/2
tabuľa
بورډ
učiteľ
ښوونکی
školský dvor
د ښوونځي حویلی
papier
ورق
písať
لیکل
pero
قلم
písací stôl
ډیسک
pravítko
خط کش
kniha
کتاب
žiak
زده کونکی

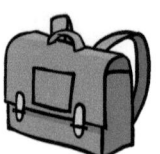

školská taška

کڅوړه

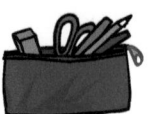

peračník

د پنسل بکسه

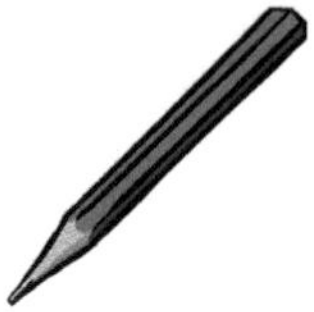

ceruza

پنسل

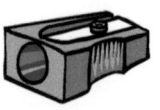

strúhadlo na ceruzky

پنسل تراش

guma

ربړ

skicár

د رسامۍ پاڼه

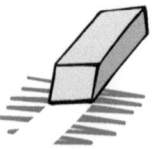

kresba

رسامي

štetec

د نقاشی برس

vodové farby

د نقاشی بکس

nožnice

قيچي

lepidlo

سريش

cvičný zošit

د تمرین کتاب

domáca úloha

کورنی دنده

číslo

شمیر

sčítať

جمع

odčítať

منفي

násobiť

ضرب

počítať

حساب

písmeno

توری

abeceda

الفبا

slovo

کلمه

text

متن

čítať

لوستل

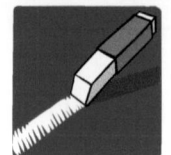

krieda

تباشير

hodina

درس

triedna kniha

راجستر

skúška

ازموينه

certifikát

تصديق پاڼه

školská uniforma

د ښوونخي يونيفارم

vzdelanie

تعليم

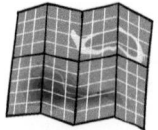

encyklopédia

دايره المعارف

univerzita

پوهنتون

mikroskop

مايكروسكوپ

mapa

نقشه

kôš na papier

اشغالداني

cesta

سفر

Grand
hotel
هوټل
nocľaháreň
ليليه
ROOMS
EXCHANGE
zmenáreň
د اسعارو د تبادلې دفتر
kufor
بکس
auto
موټر

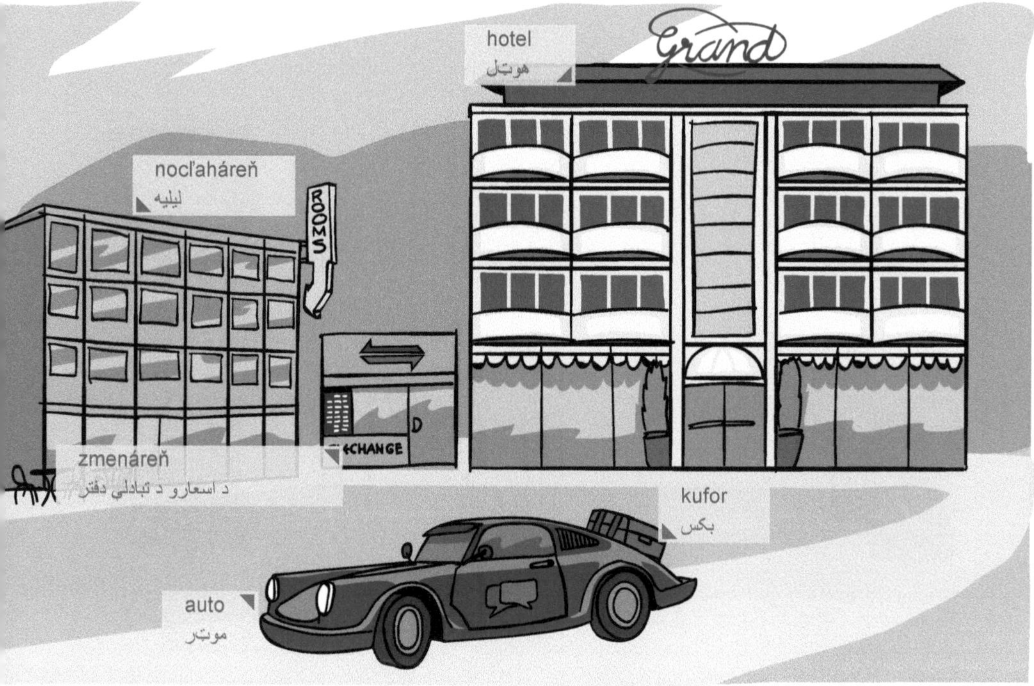

jazyk

ژبه

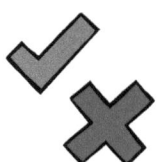

áno/nie

هو/نه

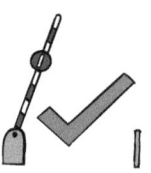

v poriadku

سمه ده

ahoj

سلام

prekladateľ

ژباړونکی

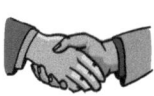

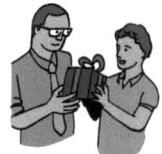

ďakujem

مننه

Koľko stojí ... ?

څومره دي...؟

Nerozumiem

زه نه پوهيږم

problém

ستونزه

Dobrý večer!

ماښام مو پخير!

Dobré ráno!

سهار په خير!

Dobrú noc!

شپه په خير!

Dovidenia

په مخه مو ښه

smer

لارښود

batožina

سامان

taška

بيگ

batoh

شاتنى بکس

hosť

ميلمه

izba

خونه

spacák

د خوب کڅوړه

stan

خيمه

cesta - سفر

informácie pre turistov

د توریزم معلومات

pláž

ساحل

kreditná karta

کریدیټ کارت

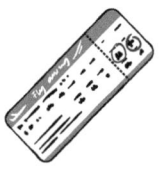

raňajky

ناری

obed

د غرمی خواړه

večera

د شپی خواړه

cestovný lístok

ټیکټ

výťah

لفټ

poštová známka

مهر

hranica

پوله

clo

ګمرک

veľvyslanectvo

سفارت

vízum

ویزه

cestovný pas

پاسپورت

doprava

ټرانسپورټ

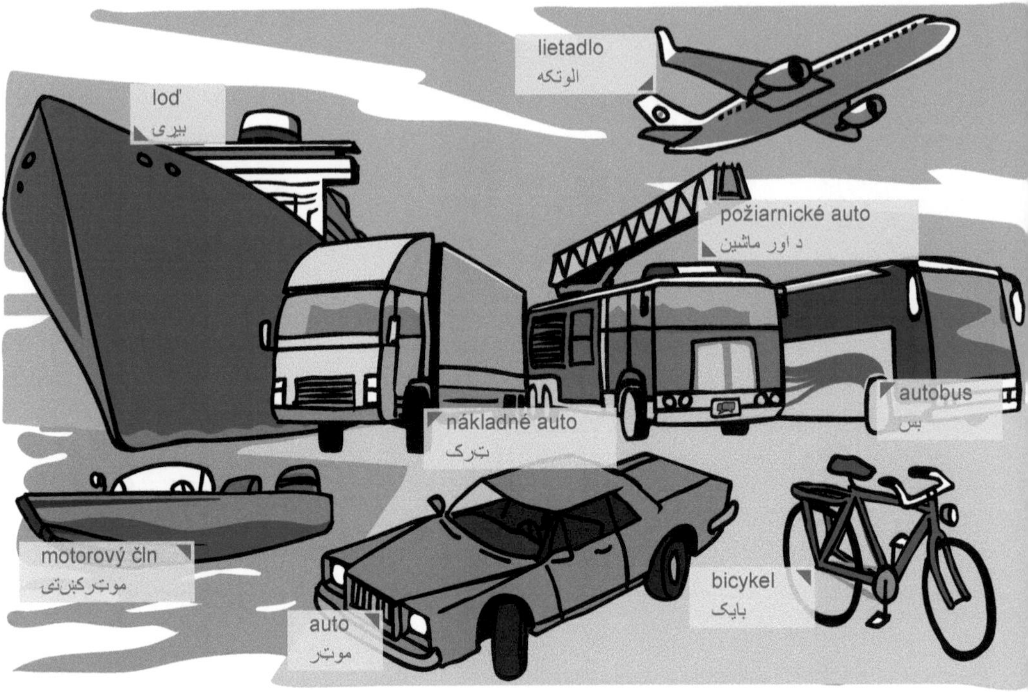

lietadlo
الوتکه
loď
بېړۍ
požiarnické auto
د اور ماشين
autobus
بس
nákladné auto
ټرک
motorový čln
موټرکښتۍ
auto
موټر
bicykel
بايک

trajekt

کښتۍ

loď

کښتۍ

motorka

موټرسايکل

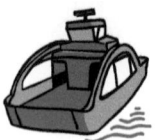

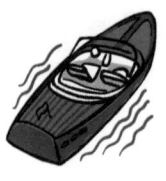

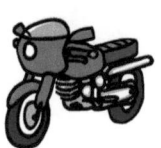

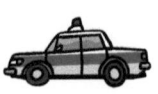

policajné auto

د پوليسو موټر

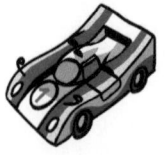

pretekárske auto

د ريس موټر

vozidlo z požičovne

کرايي موټر

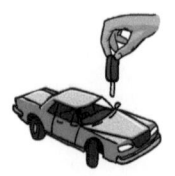

carsharing

د کرایه موټری

odťahové auto

جرثقيل لرونکی ټرک

smetiarske auto

ریفیوز ټرک

motor

موټر

benzín

سونګ توکي

čerpacia stanica

پټرول سټیشن

dopravná značka

ترافیکي نښه

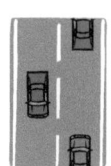

premávka

ترافیک

zápcha

جام ترافیک

parkovisko

د موټرو ټمځای

vlaková stanica

د ریل سټیشن

trate

پاټکي

vlak

ریل

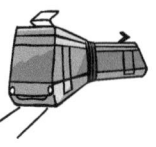

električka

ټرام

vagón

واګون

helikoptéra

چورلکه

letisko

هوايي ډګر

veža

برج

pasažier

مسافر

kontajner

کانټينر

kartón

کارتون

vozík

کارت

kôš

ټوکرى

štartovať / pristáť

الوتنه کول/کښيناستل

mesto

ښار

dedina

کلى

centrum mesta

د ښار مرکز

dom

کور

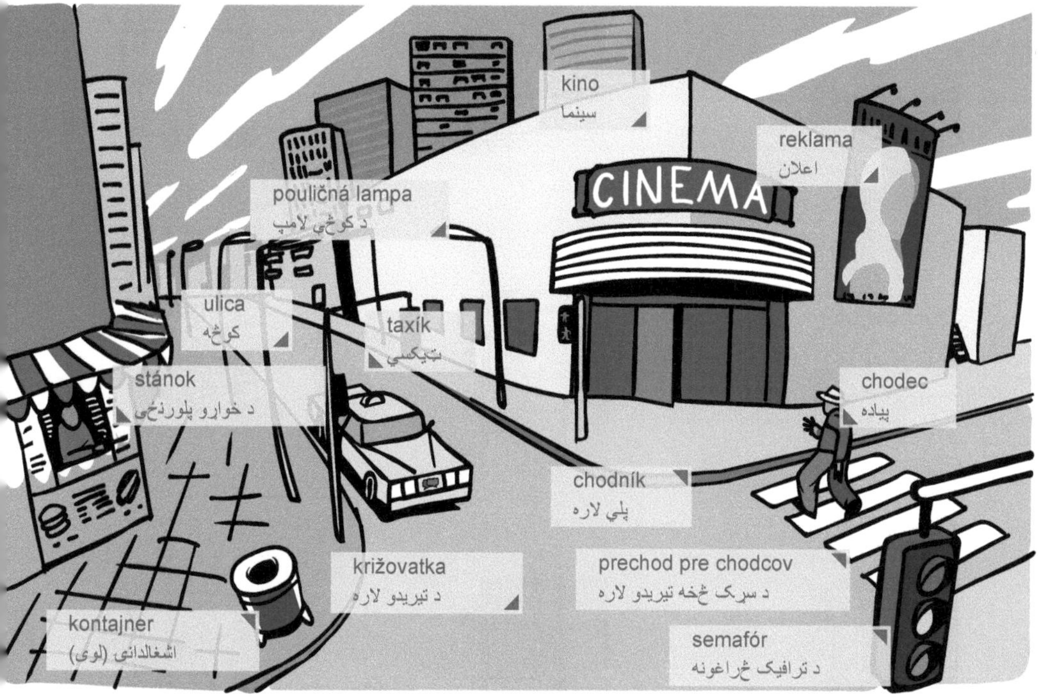

kino
سینما
reklama
اعلان
CINEMA
pouličná lampa
د کوڅې لامپ
ulica
کوڅه
taxík
ټیکسي
stánok
د خوارو پلورنځی
chodec
پیاده
chodník
پلي لاره
križovatka
د تیریدو لاره
prechod pre chodcov
د سړک څخه تیریدو لاره
kontajner
اشغالدانی (لوی)
semafór
د ترافیک څراغونه

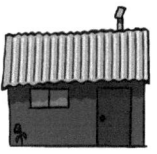

chata

کوډله

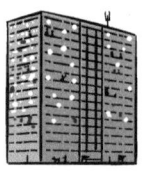

byt

اپارتمان

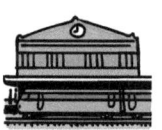

vlaková stanica

د ریل سټیشن

radnica

ټاون هال

MUSEUM

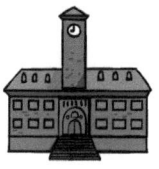

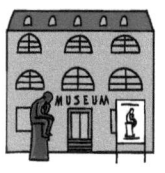

múzeum

میوزیم

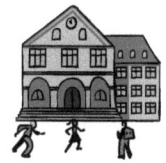

škola

ښوونځی

univerzita

پوهنتون

banka

بانک

nemocnica

روغتون

hotel

هوټل

lekáreň

درملتون

kancelária

دفتر

kníhkupectvo

کتاب پلورنځی

obchod

پلورنځی

kvetinárstvo

د گلانو پلورنځی

supermarket

لوی پلورنځی

trh

مارکیت

obchodný dom

د دیپارتمنت ستور

obchodník s rybami

کب پلورنځی

nákupné stredisko

د پلور مرکز

prístav

لنگرتون

park

پارک

lavička

بینچ

most

پل

schody

زینه

metro

د ځمکي لاندي

tunel

تونل

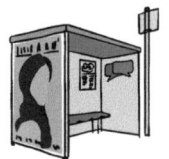

autobusová zastávka

بس تمځای

bar

بار

reštaurácia

ریستورانت

poštová schránka

پوست بکس

tabuľa s názvom ulice

د کوڅي نښه

parkovacie hodiny

د پارک کولو میټر

ZOO

ژوبین

plaváreň

د لامبو حوض

mešita

مسجد

farma

كرونده

znečisťovanie životného prostredia

ناپاكي

cintorín

هديره

kostol

چرچ

ihrisko

د لوبو ډکر

chrám

معبد/كليسا

terén

منظره

list
پاڼه

smerová tabuľa
د لارښوونې نښه

cesta
لاره

lúka
چمن

kameň
كاڼى

turista
هيكر

strom
ونه

rieka
سيند

tráva
واښه

kvet
گل

dolina

درہ

kopec

غوندی

jazero

ناور

les

جنګل

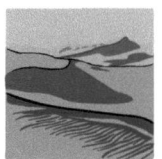

púšť

دشته

vulkán

اورشيندی

zámok

کلا

dúha

رنگين کمان

hríb

مرخيړي

palma

پلم ونه

komár

ماشي

mucha

الوتل

mravec

ميږی

včela

مچی

pavúk

غوندد/جولا

chrobák

کونگت

žaba

چونگبنه

veverička

نولی

jež

زیرکی

zajac

سوی

sova

کونگ

vták

مرغی

labuť

قازه

diviak

نرخوک

jeleň

هوسی

los

گاوزه

hrádza

بند

veterná turbína

بادي توربين

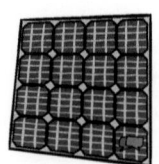

solárny panel

سولر تختی

podnebie

اقلیم

reštaurácia

ریسټورانټ

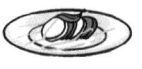

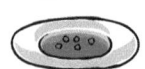

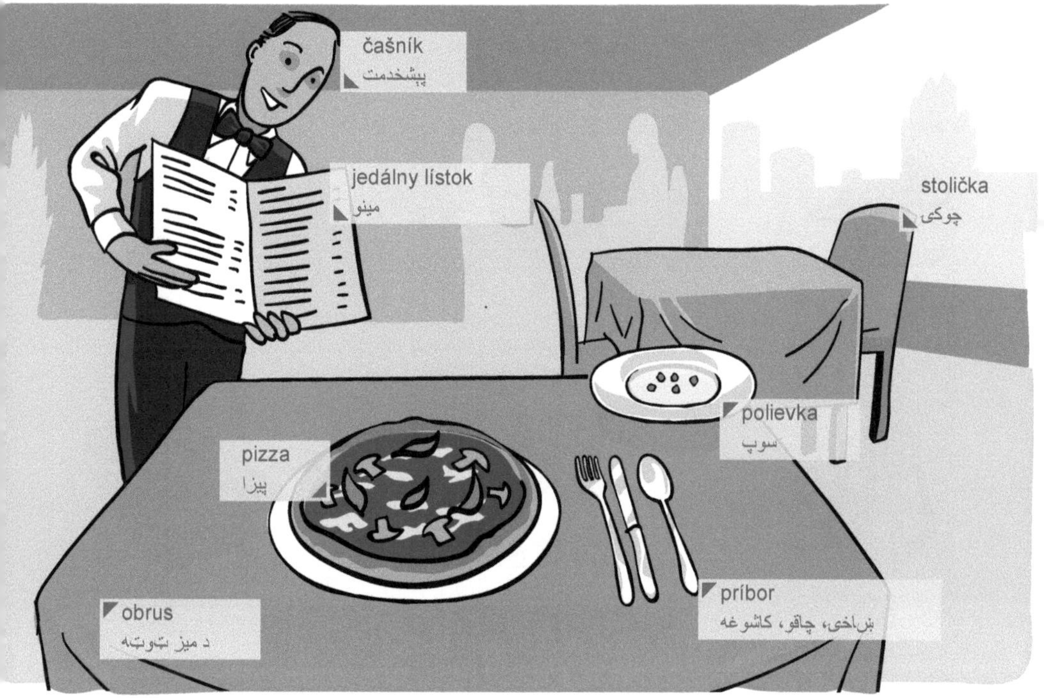
čašník
پیشخدمت
jedálny lístok
مینو
stolička
چوکۍ
polievka
سوپ
pizza
پیزا
príbor
ښاخی، چاقو، کاشوغه
obrus
د میز ټوټه

predjedlo

سټارټر

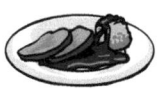

hlavné jedlo

اصلي خواړه

zákusok

شیریني

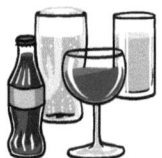

nápoje

څښاک

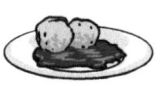

jedlo

خواړه

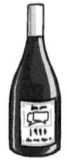

fľaša

بوتل

fast-food

فاسټ فود

street food

د کوڅې خواره

kanvica na čaj

چای جوش

cukornička

قندانۍ

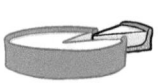

porcia

برخه

stroj na espresso

اسپرسو مشين

detská stolička

لوړه چوکۍ

účet

رسيد

podnos

مجمه

nôž

چاکو

vidlička

پنجه

lyžica

قاشق

čajová lyžička

چای قاشق

obrúsok

سورويت

pohár

گلاس

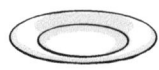

tanier

پلیټ

hlboký tanier

د سوپ پلیټ

podšálka

نالبکی

omáčka

ساس

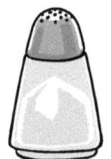

soľnička

مالګه شیندونکی

mlynček na korenie

د مرچ ټنکولو لوخی

ocot

سرکه

olej

غوړي

korenie

مساله

kečup

کچ اپ

horčica

شرشم

majonéza

چکه

špeciálna ponuka
خانگیری وراندیز

klient
پیرودونکی

mliečne výrobky
لبنيات

FOR

ovocie
ميوه

nákupný vozík
لاسي څرخ

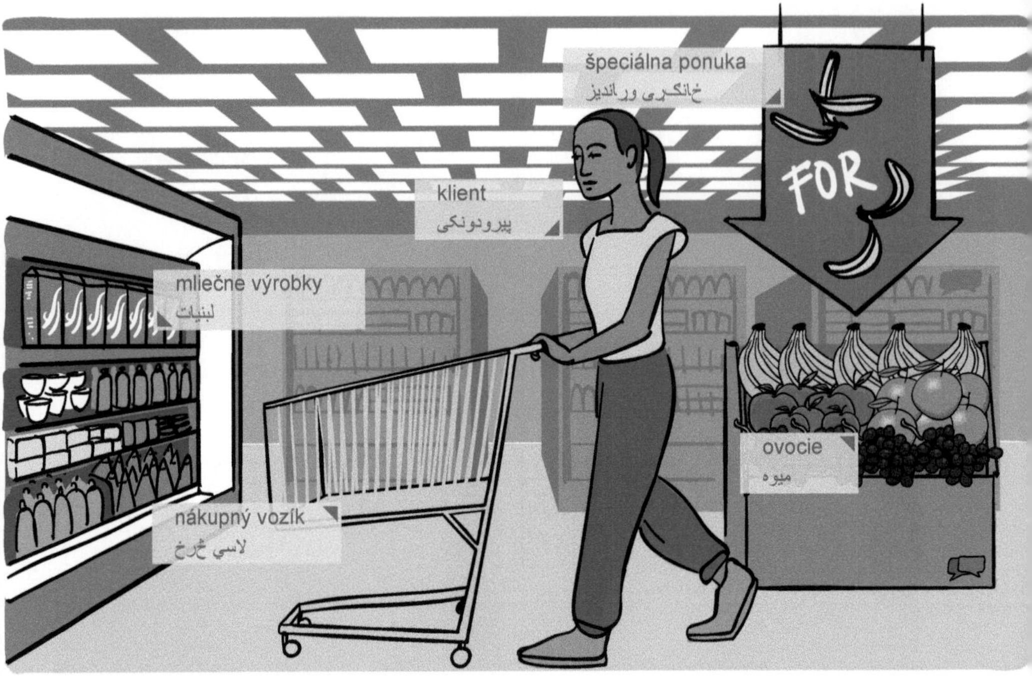

mäsiarstvo

قصابي

pekáreň

نانوايي

vážiť

وزن کول

zelenina

سبزيجات

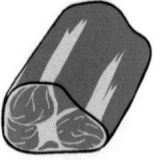

mäso

غوښه

mrazené potraviny

کنګل خواره

nárez

يخه غوښه

konzervy

كنسروا خواره

prací prostriedok

د مينځلو پودر

sladkosti

شيريني

domáce potreby

كورني توليدات

čistiace prostriedky

د پاكولو محصولات

predavačka

د پلور فرد

pokladňa

د نغدي راجستر

pokladník

صراف

nákupný zoznam

د پيرود ليست

otváracie hodiny

كاري ساعتونه

peňaženka

بټوه

kreditná karta

كريډيټ كارت

taška

كڅوړه

plastové vrecko

پلاستيک كڅوړه

voda

اوبه

džús

جوس

mlieko

شیده

kola

کوک

víno

واین

pivo

بیر

alkohol

الکول

kakao

ککاو

čaj

چای

káva

کافي

espresso

اسپرسو

kapučíno

کپچینو

banán

كيله

jablko

منه

pomaranč

نارنج

melón

هندوانه

citrón

ليمو

mrkva

گازره

cesnak

هوږه

bambus

بانکس

cibuľa

پياز

hríb

مرخيړي

orechy

چغزی

rezance

آش

špagety

سپيگټي

ryža

وريجي

šalát

سلاد

hranolky

چپس

pečené zemiaky

سره کړي کچالو

pizza

پيزا

hamburger

همبرګر

obložený chlebík

سانډويچ

rezeň

کتره

šunka

د پتون غوښه

saláma

سلمي

klobása

ساسج

kurča

چرګ

pečené mäso

روست

ryba

کب

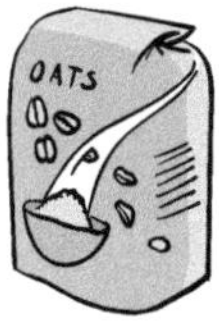

ovsené vločky
....
د وربشي شيرني

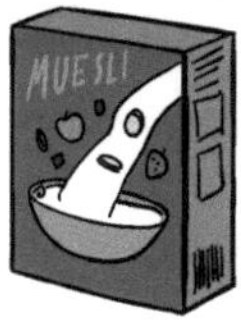

müsli
....
موسلي

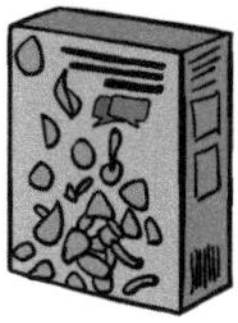

kukuričné lupienky
....
د جوار پلی

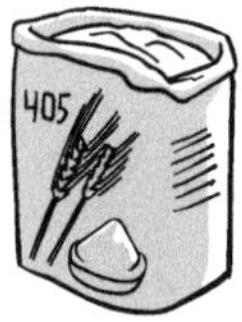

múka
....
اوړه

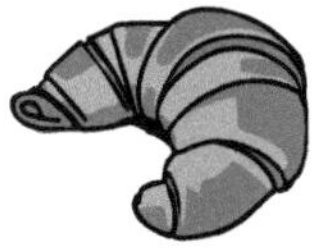

croissant
....
کروسانت

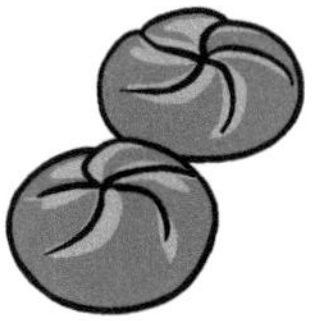

pečivo
....
د ډوډۍ رول

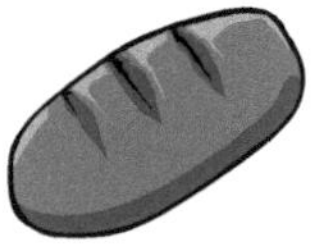

chlieb
....
ډوډۍ

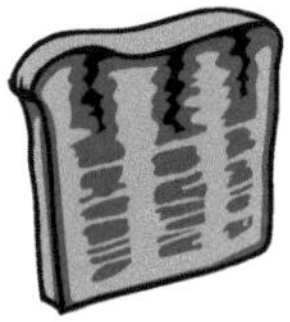

hrianka
....
ټوسټ

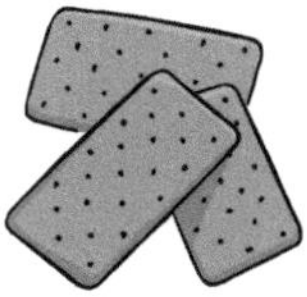

sušienky
....
بسکیټ

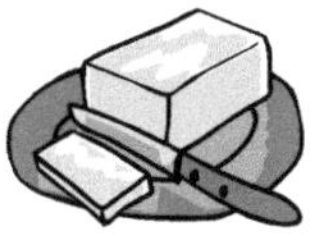

maslo
....
کوچ

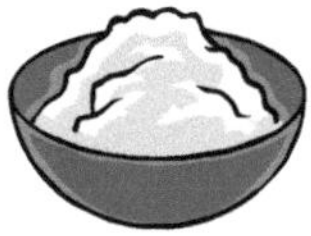

tvaroh
....
چکه

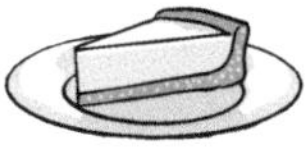

koláč
....
کیک

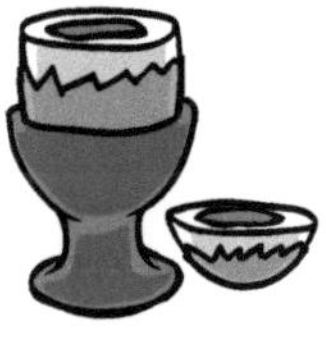

vajce
....
هګۍ

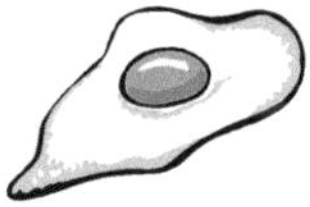

volské oko
....
پښي هګۍ

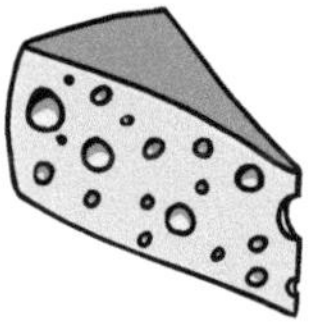

syr
....
پنير

zmrzlina

آیس کریم

cukor

بوره

med

شهد

lekvár

مربا

nugátová nátierka

نوگات کریم

karí korenie

کورکمان

sedliacky dom
د کروندي خونه

stodola
غوجل

stoch slamy
د بوسو گیډی

pole
پټمکه

kôň
اس

príves
لاس گاډی

žriebä
کوچنی اس

traktor
تراکتر

somár
خر

jahňa
ورى

ovca
پسه

koza

وزه

krava

غوا

teľa

خوسکی

prasa

خوگ

prasiatko

د خوگ بچی

býk

غویی

hus

بته

kačica

هيلۍ

kuriatko

چرګوړی

sliepka

چرګه

kohút

بانګي

potkan

سارای موږک

mačka

پيشک

myš

موږک

vôl

غوبی

pes

سپی

psia búda

د سپي خونه

záhradná hadica

د باغ هوز

krhla

د اوبو لوخی

kosa

لور (داس)

pluh

يوی

kosák

لور

motyka

رمبی

vidly na hnoj

پښاخی

sekera

تبر

fúrik

کراچی

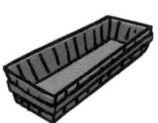

koryto

ناوه

kanva na mlieko

د شیدو لوخی

vrece

جوال

plot

کتیاره

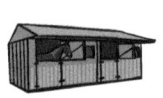

maštaľ

مضبوط

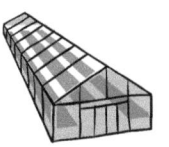

skleník

شنه خونه

pôda

خاوره

osivo

تخم

hnojivo

سره/کود

kombajn

گډ ریبونکی ماشین

žať

زیرمه کول

žatva

درمند

batát

خواړه کچالو

pšenica

غنم

sója

سویا

zemiak

کچالو

kukurica

جوار

repka

نباتي تخم

ovocný strom

د ميوي ونه

maniok

مانيوک

obilie

غله

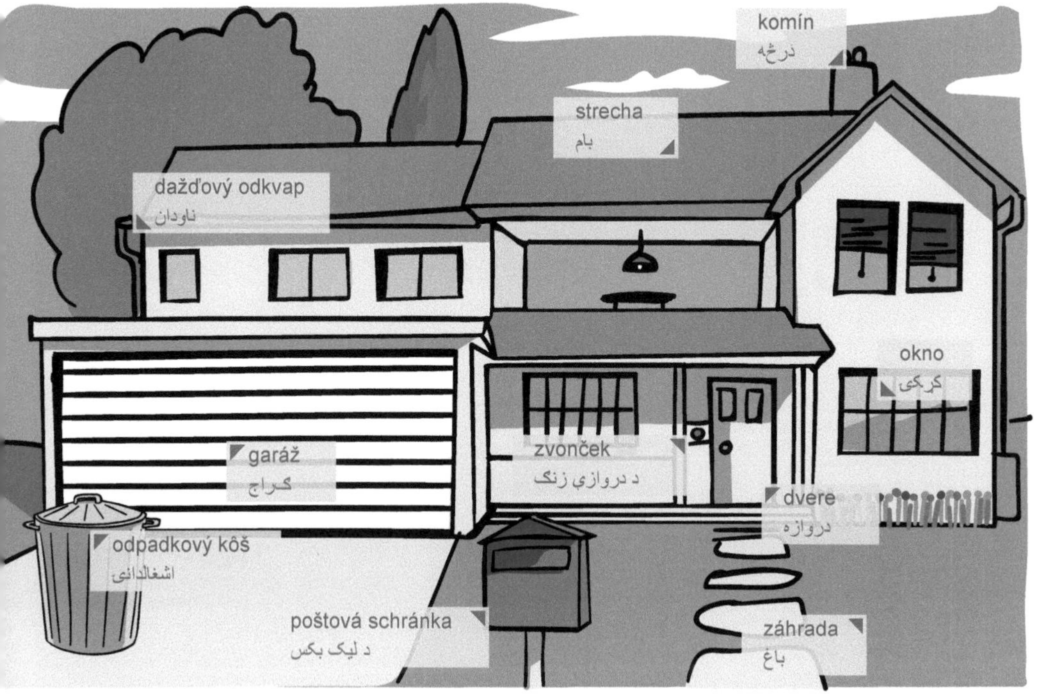

komín
درځه

strecha
بام

dažďový odkvap
ناودان

okno
کرکۍ

garáž
ګراج

zvonček
د دروازي زنګ

dvere
دروازه

odpadkový kôš
اشغالدائی

poštová schránka
د ليک بکس

záhrada
باغ

obývačka

د اوسيدو خونه

kúpeľňa

حمام

kuchyňa

پخلنځی

spálňa

د ويده کيدو خونه

detská izba

د ماشوم خونه

jedáleň

د خوارو خونه

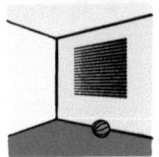

podlaha

فرش

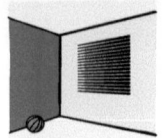

stena

دیوال

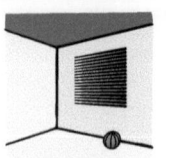

strop

چت

pivnica

زیرخانه

sauna

سونا

balkón

بالکوني

terasa

تراس

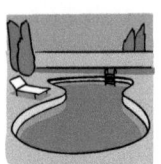

bazén

حوض

kosačka

د چمن وهلو ماشین

obliečka

شیت

posteľná prikrývka

روجایی

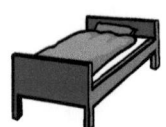

posteľ

تخت

metla

جارو

vedro

بوکه

vypínač

سویچ

obývačka

د اوسیدو خونه

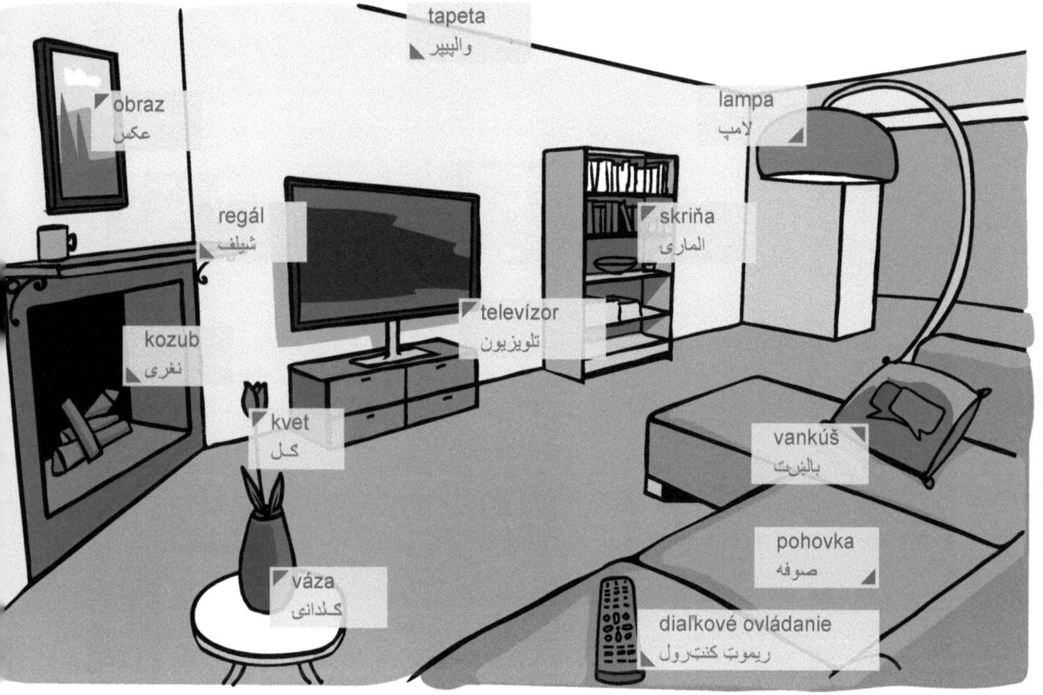

tapeta
والپیپر
obraz
عکس
lampa
لامپ
regál
شیلف
skriňa
الماری
televízor
تلویزیون
kozub
نغری
kvet
ګل
vankúš
بالښت
pohovka
صوفه
váza
ګلدانی
diaľkové ovládanie
ریموټ کنټرول

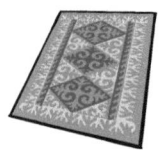

koberec

غالی

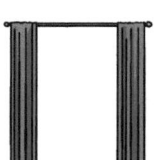

záclona

پرده

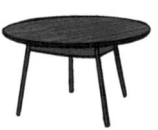

stôl

میز

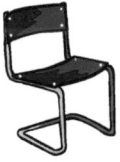

stolička

چوکی

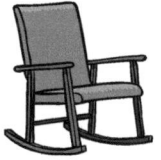

hojdacie kreslo

تاوېدونکې چوکۍ

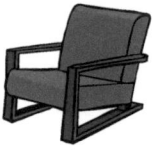

kreslo

بازو لرونکی چوکی

kniha

کتاب

prikrývka

کمپل

dekorácia

ديکوريشن

drevo na kúrenie

د اور لرګي

film

فلم

hi-fi veža

هايفای

kľúč

کلي

noviny

ورځپاڼه

maľba

نقاشي

plagát

پوستر

rádio

راديو

zápisník

کتابچه

vysávač

واکيوم جارو

kaktus

کاکتوس

sviečka

شمع

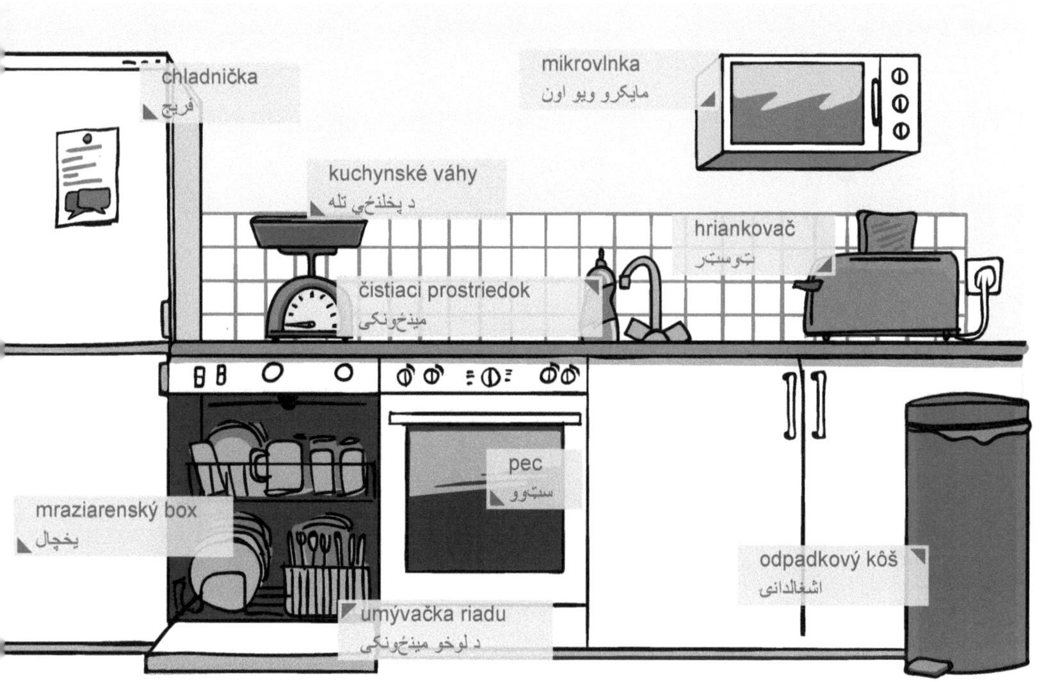

chladnička
فریج

mikrovlnka
مایکرو ویو اون

kuchynské váhy
د پخلنځي تله

hriankovač
ټوسټر

čistiaci prostriedok
مینځخونکی

pec
سټوو

mraziarenský box
یخچال

odpadkový kôš
اشغالدانی

umývačka riadu
د لوخو مینځخونګی

sporák
دیګ بخار

hrniec
لوخی

železný hrniec
چدني لوخی

wok / kadai
ووک

panvica
د تلی په

rýchlovarná kanvica
چای جوش

parný hrniec

د بخار دیگ

plech na pečenie

پتنوس

riad

لوخي

pohár

مګ

misa

کاسه

paličky

د رانيولو اوزار

naberačka na polievku

څمڅۍ

stierka

کفګير

metlička

پاکونکی

cedidlo

صافي

sitko

غلبيل

strúhadlo

ګريتر

mažiar

اونګ

gril

بار بي کيو

ohnisko

خلاص اور

doska na krájanie

تخته

valček na cesto

هوارونکی

vývrtka

کارک سکریو

konzerva

ټيم

otvárač na konzervy

د ټيم خلاصونکی

chňapka

د لوخي ټوټه

výlevka

ظرف شوی

kefa

برس

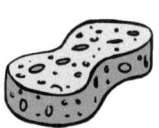

hubka

سپنج

mixér

بلیندر

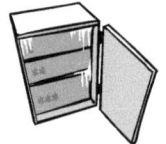

mraznička

ژور یخچال

kojenecká fľaša

د ماشوم بوتل

vodovodný kohútik

نل

kúpeľňa

حمام

sprcha
شاور
kúrenie
تودول
uterák
جان پاک
sprchový záves
د شاور پرده
pena do kúpeľa
ببل حمام
vaňa
د حمام ټب
pohár
ګلاس
práčka
د مینځلو مشین
vodovodný kohútik
نل
dlaždice
ټایلونه
nočník
يو ډول کمود
výlevka
ظرف شوی

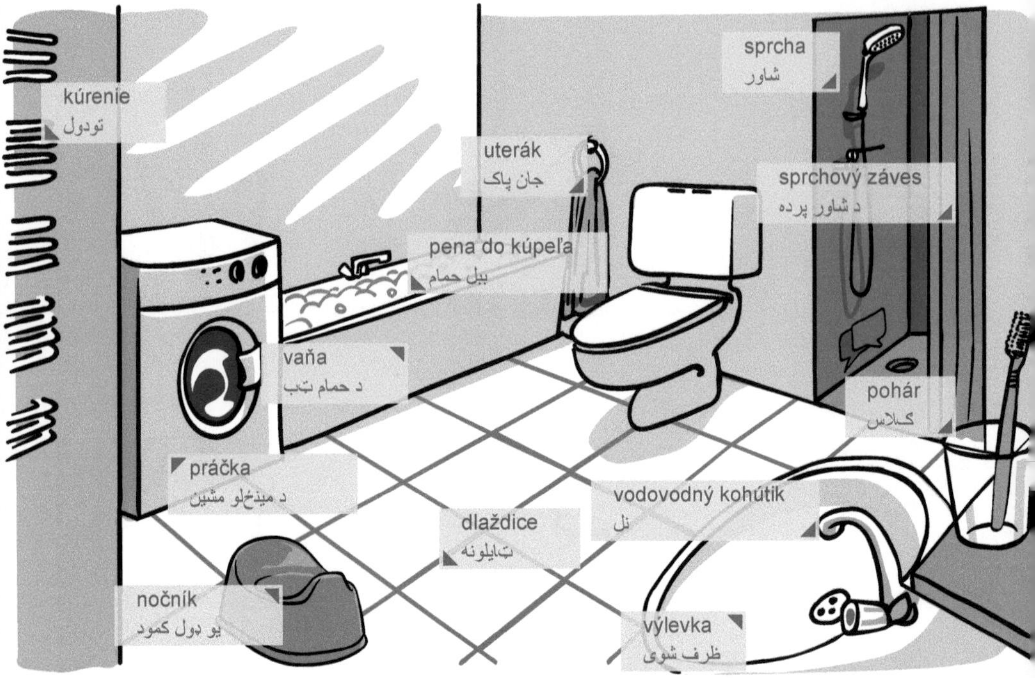

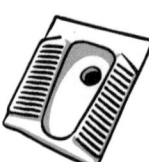

záchod

تشناب

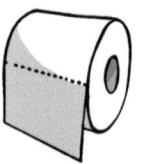

suchý záchod

فرشي کمود

bidet

کمود

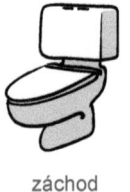

pisoár

د متیازو ځای

toaletný papier

تشناب کاغذ

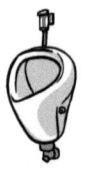

záchodová kefa

د تشناب برس

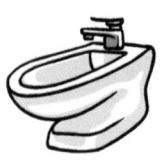

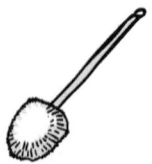

zubná kefka

د غاښونو برس

zubná pasta

د غاښونو کریم

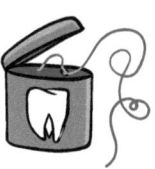

dentálna niť

د غاښونو نخ

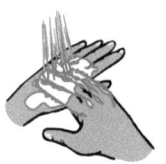

umývať

مينځل

ručná sprcha

لاسي شاور

sprcha pre intímnu hygienu

دوش

umývadlo

خانک

kefa na chrbát

د شا برس

mydlo

صابون

sprchový gél

د شاور ژل

šampón

شامپو

frotírová rukavica

فلانل جامه

odtok

وجول

krém

کریم

dezodorant

سپری

zrkadlo

آینه

kozmetické zrkadlo

لاسي آینه

žiletka

ریزر

pena na holenie

د خریلو فوم

voda po holení

د خریلو وروسته

hrebeň

ګمنځ

kefa

برس

sušič vlasov

د وېښتانو وچونکی

sprej na vlasy

د وېښتانو سپری

make-up

میک اپ

rúž

لیپ ستیک

lak na nechty

د نوکانو پالش

vata

کاټن وری

nožnice na nechty

ناخن ګیر

parfum

عطر

kozmetická taška

د مینخلو کغوړه

stolček

سټول

váha

د وزن کولو تله

kúpací plášť

د حمام پوښاک

gumové rukavice

د ربر دستکش

tampón

تـامپون

menštruačná vložka

صحیی جان پاک

chemické WC

کیمیکل تشناب

detská izba

د ماشوم خونه

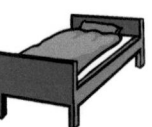

budík
د الارم ساعت
plyšová hračka
د لوبو وسایل
hračkárske auto
د نانځکي موټر
hrkálka
ریټل
domček pre bábiky
د نانځکو خونه
dar
ډالۍ

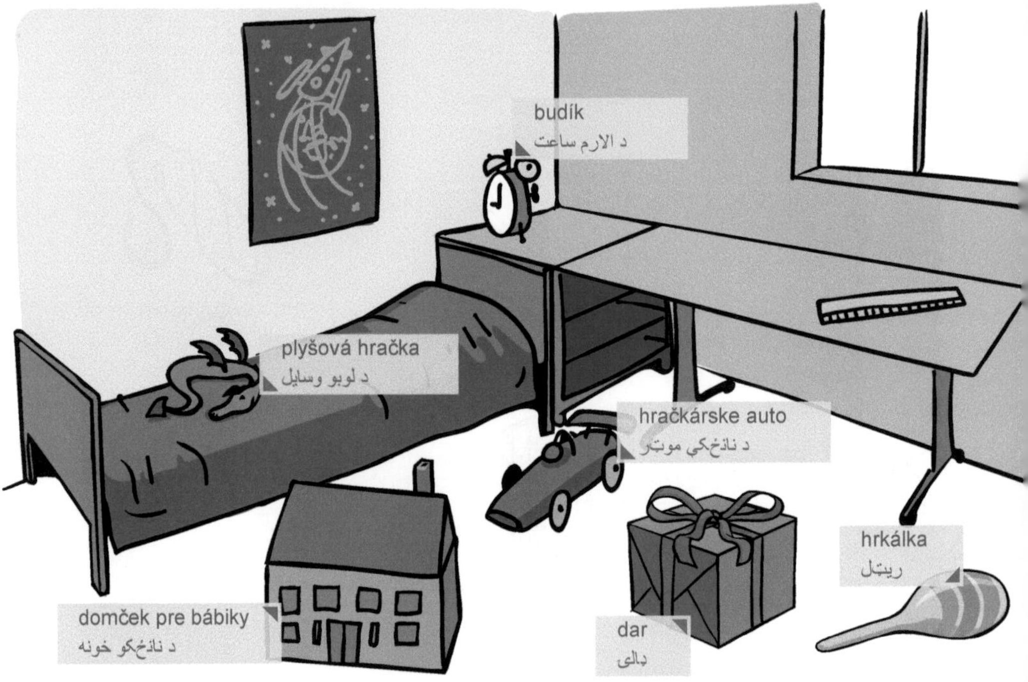

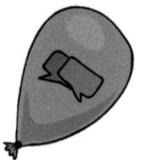

balón

بالون

posteľ

تخت

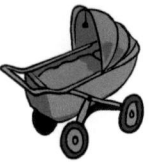

detský kočík

کالسکه

karty

د لوبو ورقي

puzzle

جیګسا

SUPER
MEGA

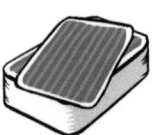

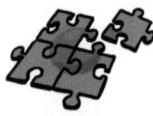

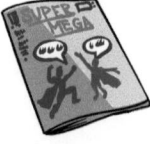

komix

مسخره

skladačka lego

ليگـو بريک

stavebnica

د ناذخكو بلاك

akčná postavička

د اكشن فيگـور

dupačky

د ماشوم پوښاک

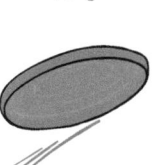

lietajúci tanier

فريزبي

závesné hračky

موبايل

stolová hra

بورد لوبه

kocka

تاس

modelový vláčik

ماډل ريل سيت

cumlík

گـونگشى

párty

پارتي

obrázková kniha

د عكسونو البوم

lopta

بال

bábika

ناذخكه

hrať sa

لوبيدل

pieskovisko

د شګو کنده

hojdačka

سوينگ

hračky

ناڅوڅکي

hracia konzola

د ويډيو لوبو کنسول

trojkolka

نترای سایکل

medvedík

ګوډکه

šatník

د کالو الماری

šatstvo

پوښاک

ponožky

جرابي

pančuchy

لوړي جرابي

pančuchové nohavičky

ستاییتس

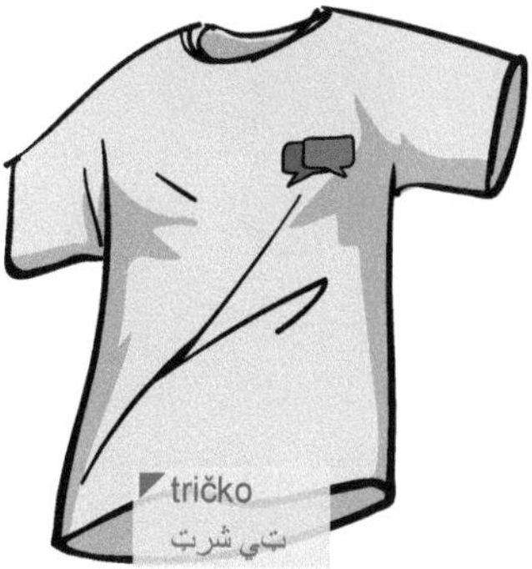

šál
زروکی

opasok
کمربند

dáždnik
چتری

tričko
ټي شرټ

čižmy
بوټان

papuče
سلیپر

tenisky
سنیکر

sandále

سینډل

topánky

بوټان

gumáky

د ربر بوټان

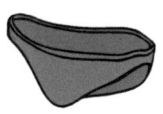

spodky

زیرنیکري

podprsenka

سینه بند

tielko

واسکټ

body

بادي

nohavice

پتلون

džínsy

جينز

sukňa

لمن

blúzka

بلاوز

košeľa

شرت

pulóver

بنيان

sveter

سويتر

blejzer

بليزر

bunda

جاكت

kabát

كوت

pršiplášť

د باران کوت

kostým

پوښاک

šaty

كالي

svadobné šaty

د واده پوښاک

oblek

دريشي

nočná košeľa

د شپی پوښاک

pyžamo

پاجامه

sari

ساري

šatka na hlavu

لوپټه

turban

پټکی

burka

برقه

kaftan

كفتن

abaja

عبا

dvojdielne plavky

د لامبو پوښاک

plavky

نيكر

šortky

شارټ

teplákova súprava

د خغاستی پوښاک

zástera

پيش بند

rukavice

دستكش

gombík

بټن

okuliare

عينک

náramok

لاس بند

retiazka

غاړه کی

prsteň

ګوتمه

náušnica

غوږوالۍ

čiapka

خولۍ

vešiak

کوت بند

klobúk

خولۍ

kravata

نتايی

zips

ځنځير

prilba

هيلميت

traky

ترونکی

školská uniforma

د ښوونځي يونيفارم

uniforma

يونيفارم

podbradník

بيبب

cumlík

گونکشی

plienka

نيپي

kancelária

دفتر

server
سرور

skriňa na spisy
د دوسيه المارى

tlačiareň
پرينتر

monitor
مانيټور

papier
ورق

myš
ماوس

písací stôl
ډيسک

zakladač
فولدر

klávesnica
کي بورډ

stolička
چوکۍ

kôš na papier
اشغالدانى

počítač
کمپيوټر

hrnček na kávu

د کافي پياله

kalkulačka

کالکوليټر

internet

انټرنيټ

laptop

لپ ٹاپ

list

لیک

správa

پیغام

mobil

موبایل

sieť

نیٹورک

kopírka

فوٹوکاپیر

softvér

سافٹویر

telefón

ٹیلیفون

elektrická zásuvka

پلگ ساکٹ

fax

فکس مشین

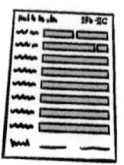

formulár

فارم

doklad

سند

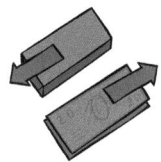

kúpiť

پیرل

platiť

تادیه کول

obchodovať

سوداکري کول

peniaze

پیسي

dolár

ډالر

euro

یورو

jen

ین

rubeľ

ربل

švajčiarsky frank

سویسي فرانک

čínsky jüan

رینمینبي یوان

rupia

روپی

bankomat

د نغدي پیسو خای

zmenáreň

د اسعارو د تبادلي دفتر

zlato

سره زر

striebro

سپین زر

ropa

تیل

energia

انرژي

cena

نرخ

zmluva

قرارداد

daň

مالیه

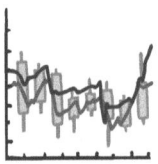

akcia

اسهام

pracovať

کار کول

zamestnanec

کارمند

zamestnávateľ

کار ګومارونکی

továreň

فابریکه

obchod

پلورنځی

povolania
مسلکونه

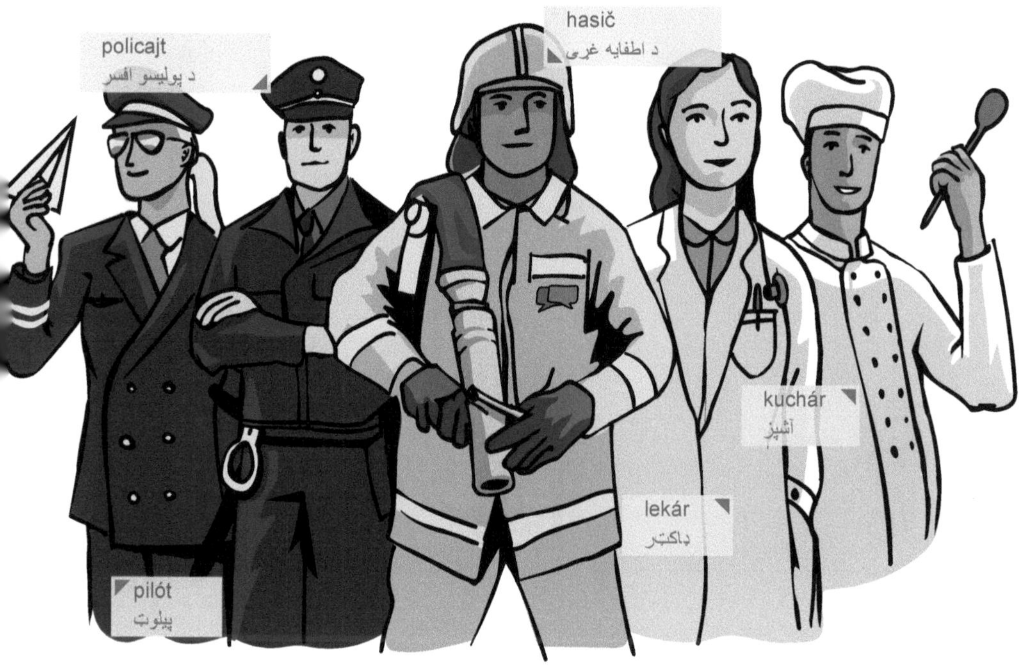

hasič
د اطفایه غړی
policajt
د پولیسو افسر
kuchár
آشپز
lekár
ډاکټر
pilót
پیلوټ

záhradník

باغوان

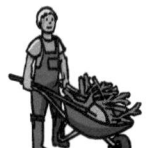

stolár

نجار

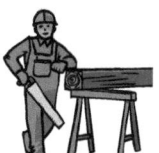

krajčírka

خیاط

sudca

قاضي

chemik

کیمیا پوه

herec

د فلم لوبغاړی

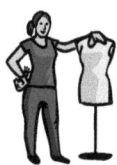

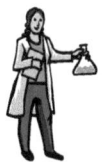

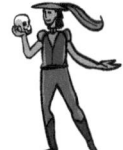

vodič autobusu

د بس درايور

taxikár

د تيکسي درايور

rybár

کب نيونکی

upratovačka

خدمه

pokrývač

بام جوړونکی

čašník

پيشخدمت

poľovník

ښکاري

maliar

نقاش

pekár

نانوا

elektrikár

د برښنا کارکونکی

stavebný robotník

تعمير جوړونکی

inžinier

انجنير

mäsiar

قصاب

klampiar

نلدوان

poštár

پوست رسونکی

vojak

سرتیری

architekt

مهندس

pokladník

صراف

kvetinár

مالیار

kaderník

نایی

sprievodca

کلیندر

mechanik

میکانیک

kapitán

کپتان

zubár

د غاښونو ډاکتر

vedec

ساینس پوه

rabín

بزاغلی

imám

امام

mních

مذهبي نفر

farár

پادري

náradie

لوازم

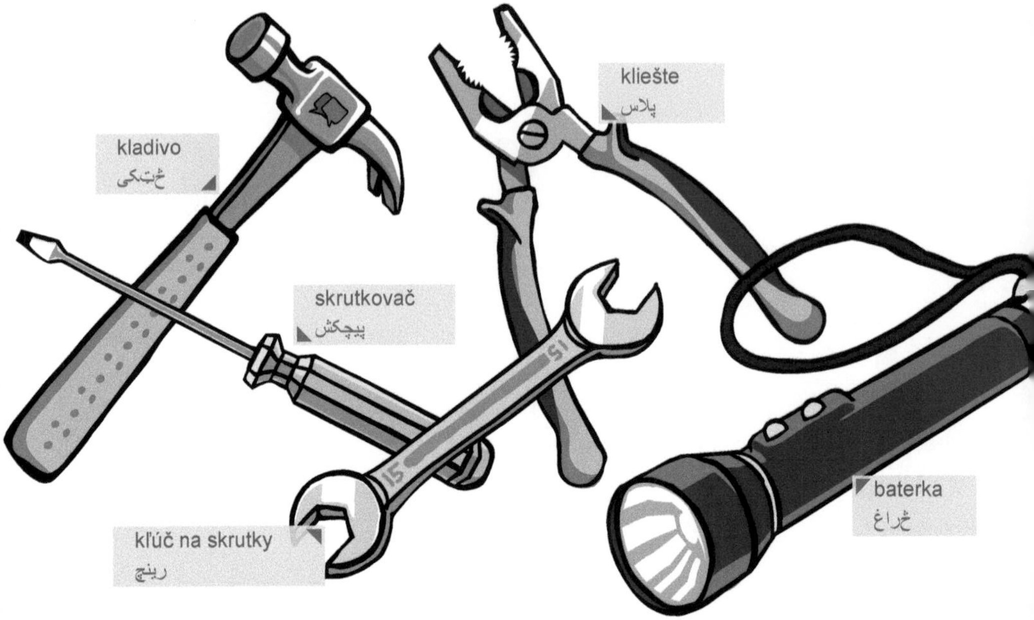

kladivo
څټکی
kliešte
پلاس
skrutkovač
پیچکش
kľúč na skrutky
رینچ
baterka
څراغ

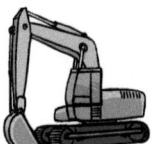

bager

کنستونکی

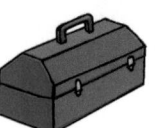

súprava náradia

د لوازمو بکس

rebrík

زینه

pílka

اره

klince

میخونه

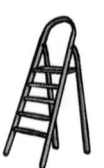

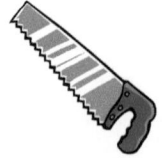

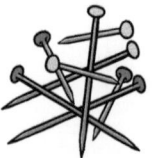

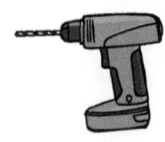

vrták

برمه

opraviť

ترمیم کول

lopata

بیل

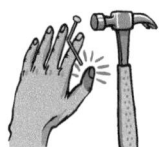

Do čerta!

لعنت!

lopatka na smeti

خاک انداز

nádoba s farbou

مشواڼی

skrutky

پیچونه

hudobné nástroje

د میوزیک آلات

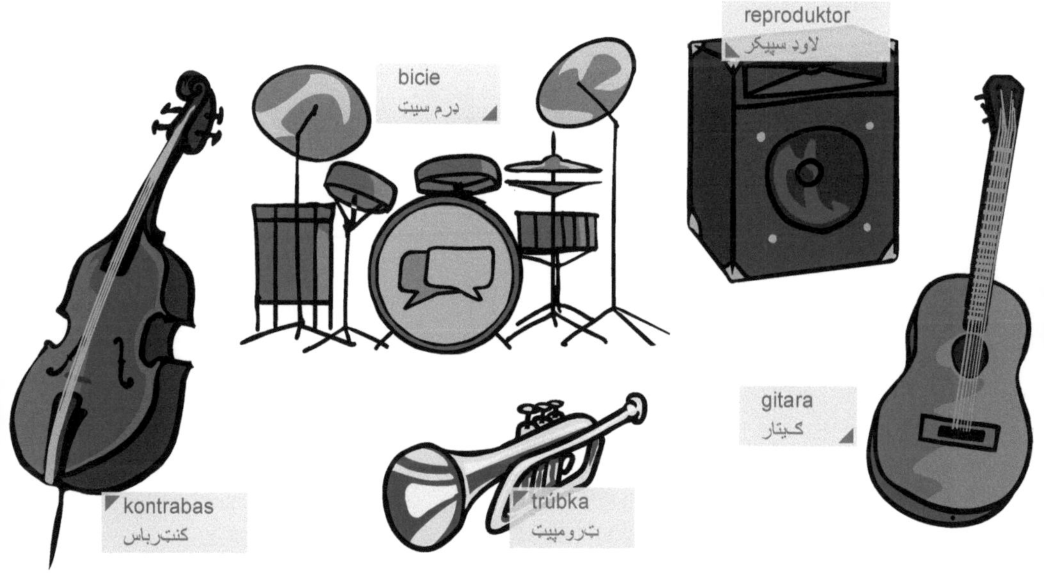

reproduktor

لاود سپیکر

bicie

درم سیټ

kontrabas

کنترباس

trúbka

ټرومپیټ

gitara

ګیتار

klavír

پیانو

husle

وايلن

basa

باس

tympany

نغاره

bubon

ډرمونه

klávesnica

كي بورد

saxofón

سيكسافون

flauta

شپيلی

mikrofón

مايكروفون

ZOO

ژوبڼ

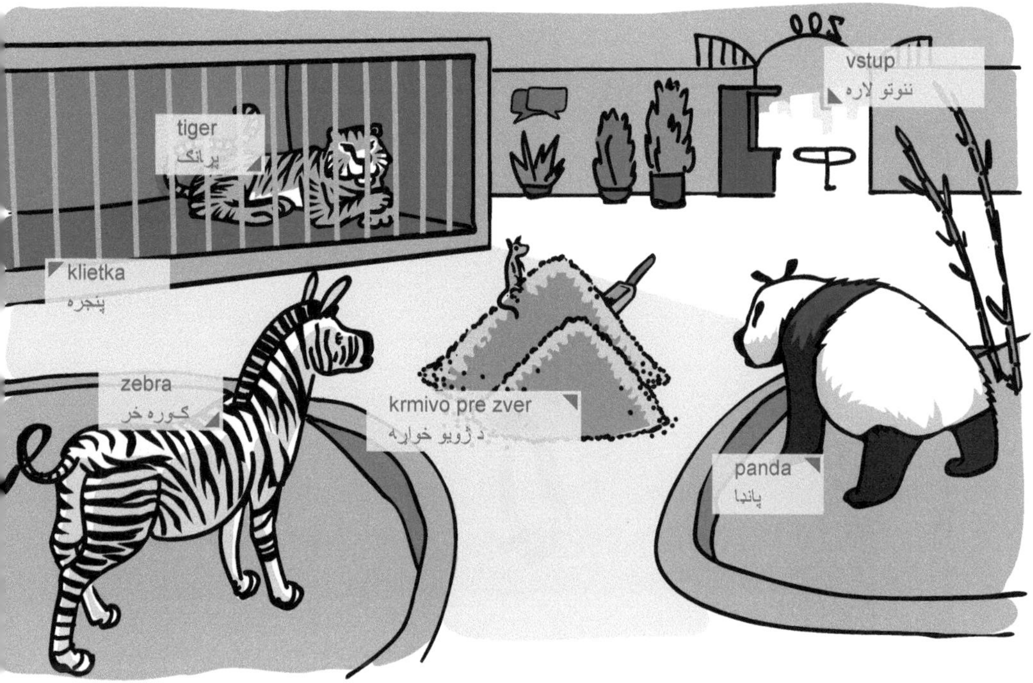
vstup
ننوتو لاره
tiger
پړانګ
klietka
پنجره
zebra
ګوره خر
krmivo pre zver
د ژویو خواړه
panda
پانډا

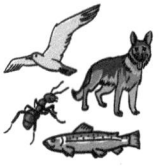

zvieratá

ژوی

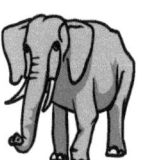

slon

هاتي

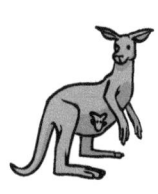

klokan

کنګرو

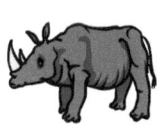

nosorožec

د اوبو اسپ

gorila

ګوریلا

medveď

ایږه

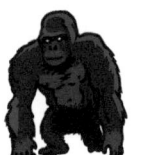

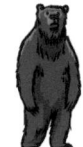

ťava

اوښ

pštros

شترمرغ

lev

زمری

opica

بيزو

plameniak

غزی

papagáj

طوطي

ľadový medveď

قطبي ايرسه

tučniak

پينگوين

žralok

شارک

páv

طاوس

had

مار

krokodíl

تمساح

ošetrovateľ v ZOO

ژوبن ساتونکی

tuleň

سيل

jaguár

جګوار

poník

يابو

leopard

پړانگ

hroch

هيپو

žirafa

زرافه

orol

باز

diviak

نرخوک

ryba

کب

korytnačka

شمشتی

mrož

سمندري نولی

líška

گيدړه

gazela

هوسۍ

šport
ورزش

americký futbal
امریکایی فتبال

cyklistika
سایکل چلول

tenis
تینیس

basketbal
باسکیتبال

plávanie
لامبو

box
باکسینګ

hokej
د کنګل هاکي

futbal
....
فتبال

bedminton
....
کسیزه

ľahká atletika
....
د خغاستي لوبي

hádzaná
....
د هندبال

lyžovanie
....
سکي

pólo
....
پولو

skočiť
توپ وهل

smiať sa
خندل

objať
غاړه ورکول

chodiť
کرخيدل

spievať
سندري ويل

snívať
خوب ليدل

modliť sa
عبادت کول

pobozkať
مچو کول

písať
ليکل

kresliť
کنل

ukázať
ښودل

tlačiť
تيله کول

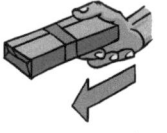

dať
ورکول

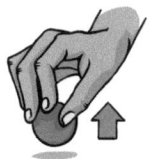

brať
اخيستل

mať

درلودل

robiť

کول

byť

پاييدل

stáť

ودريدل

bežať

منډي وهل

ťahať

راکښل

hádzať

کوزارل

padnúť

لويدل

ležať

څملاستل

čakať

انتظار کول

nosiť

ورل

sedieť

کښېناستل

obliecť sa

پوښاک اغوستل

spať

ويده کيدل

zobudiť sa

پاڅيدل

pozerať

کتل

plakať

ژړل

hladkať

بریدکول

česať

ګمنځ کول

hovoriť

خبری کول

rozumieť

پوهېدل

pýtať sa

غوښتل

počuť

اورېدل

piť

څښل

jesť

خورل

upratať

پاکول

milovať

مینه کول

variť

پخلی کول

jazdiť

موټر چلول

letieť

الوتل

plachtiť

بیری چلول

počítať

حساب

čítať

لوستل

učiť sa

زده کول

pracovať

کار کول

oženiť

واده کول

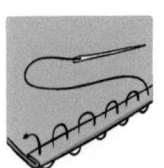

šiť

ګندل

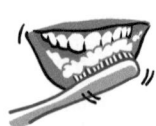

čistiť zuby

د غاښونو برس کول

zabiť

وژل

fajčiť

سګرټ څښل

poslať

لیږل

rodina

کورنۍ

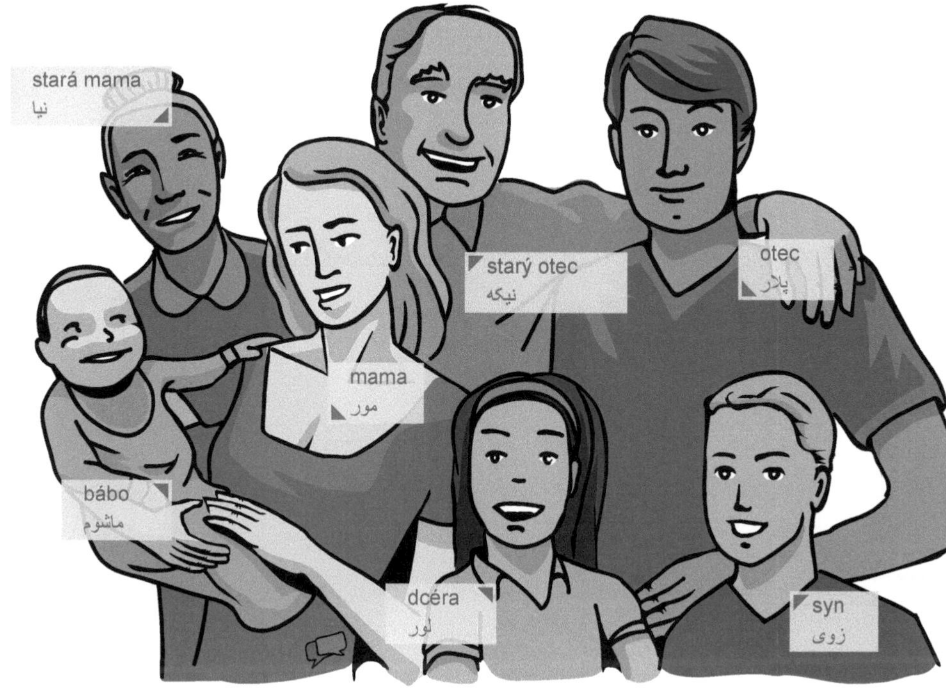
stará mama
نیا
starý otec
نیکه
otec
پلار
mama
مور
bábo
ماشوم
dcéra
لور
syn
زوی

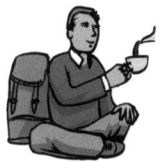

hosť

میلمه

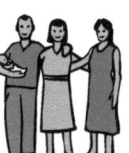

teta

ترور

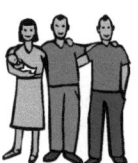

strýko

کاکا/ماما

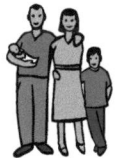

brat

ورور

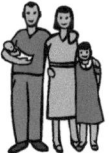

sestra

خور

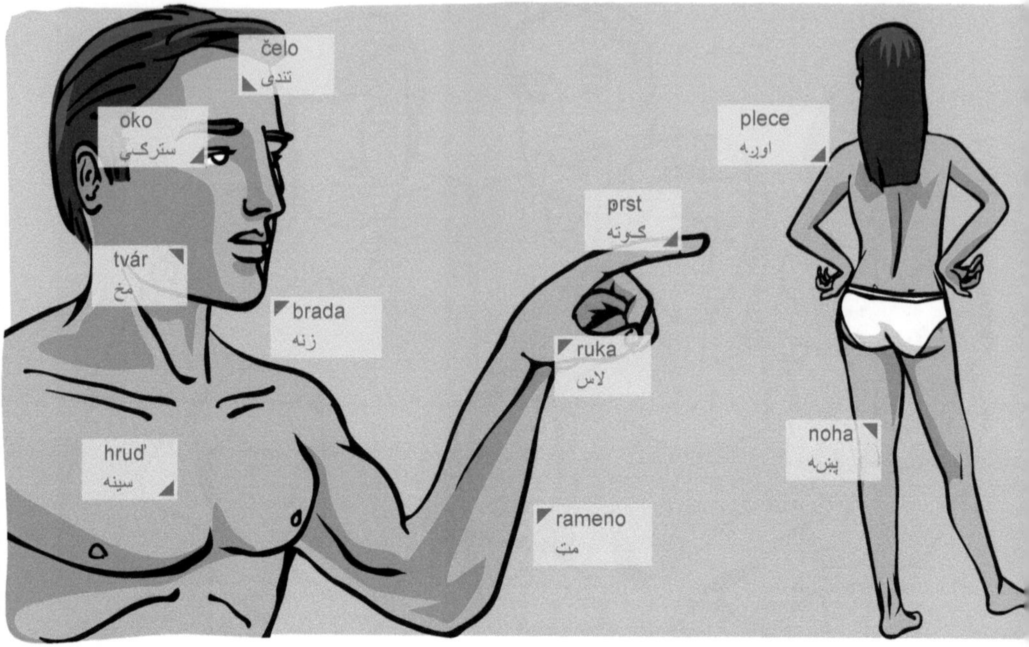

telo

بدن

čelo
تندی

oko
سترګي

plece
اوږه

tvár
مخ

prst
ګوته

brada
زنه

ruka
لاس

hruď
سينه

noha
پښه

rameno
مت

bábo

ماشوم

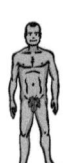

muž

سړی

žena

ښځه

dievča

انجلۍ

chlapec

هلک

hlava

سر

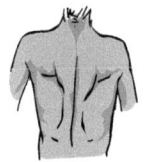

chrbát

شا

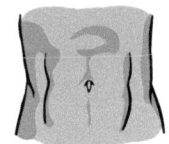

brucho

خيټه

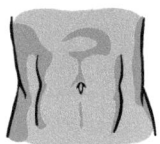

pupok

نوم

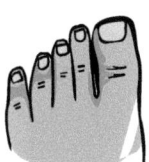

prst na nohe

د پښي گوته

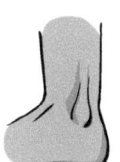

päta

پونده

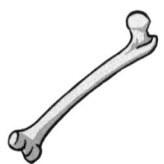

kosť

هډوکی

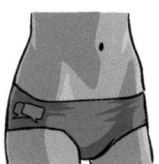

bok

کوناټی

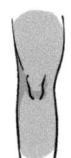

koleno

زنگون

laketʼ

څنگل

nos

پوزه

zadok

لاندي برخه

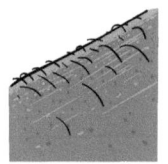

koža

پوټکی

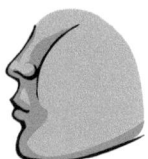

líce

غومبوری

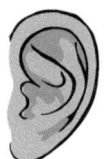

ucho

غوږ

pery

شونډه

ústa

خوله

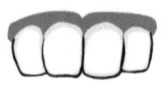

zub

غاښ

jazyk

ژبه

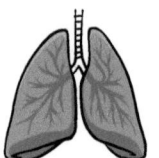

mozog

مغز

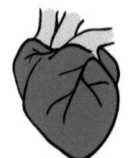

srdce

زړه

svaly

عضله

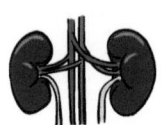

pľúca

سږى

pečeň

ځيګر

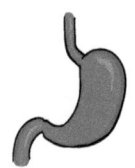

žalúdok

معده

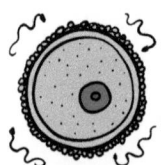

obličky

پښتورګي

pohlavný styk

جنسي نږدي والی

kondóm

كاندوم

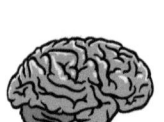

vaječná bunka

تخمه

semeno

منی

tehotenstvo

حمل

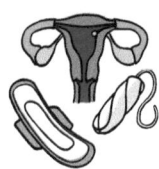

menštruácia

حيض

vagína

مهبل

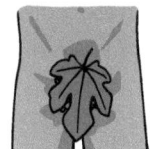

penis

د نارينه تناسلي آله

obočie

وروځی

vlasy

ويښته

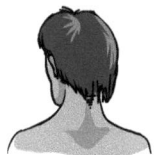

krk

غاړه

nemocnica
روغتون

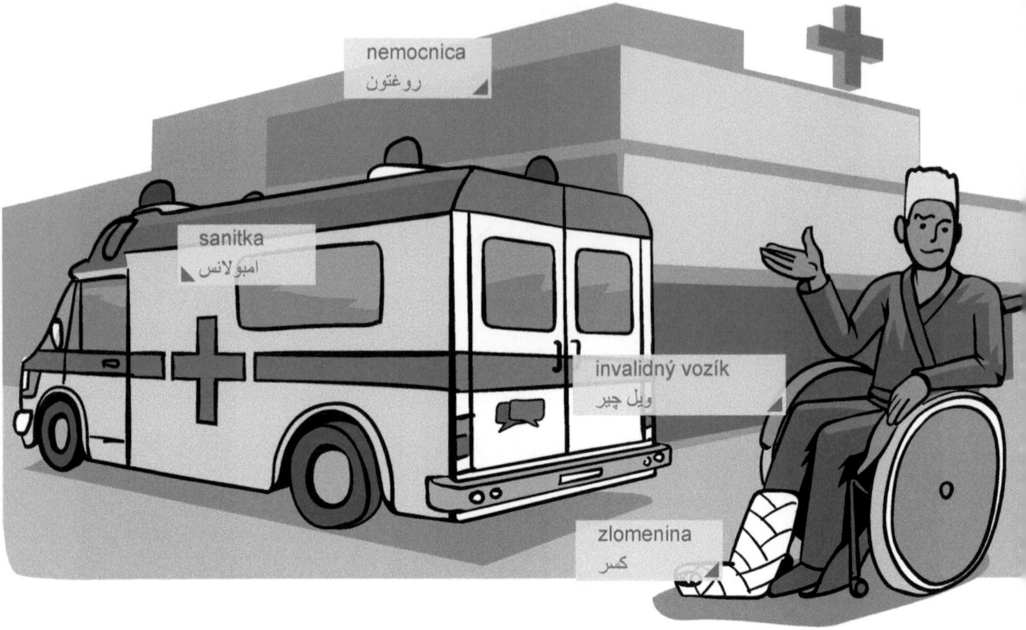

nemocnica
روغتون
sanitka
امبولانس
invalidný vozík
ویل چیر
zlomenina
کسر

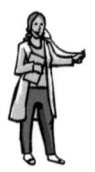

lekár
ډاکټر

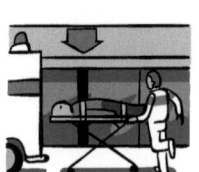

urgentný príjem
عاجل خونه

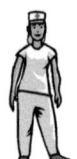

sestrička
رنځورپال

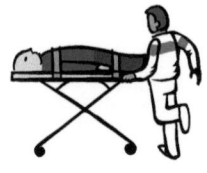

urgentný prípad
عاجل

v bezvedomí
بې هوش

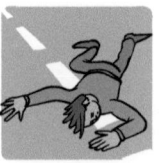

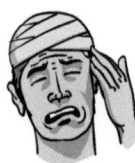

bolesť
درد

zranenie

ټپ

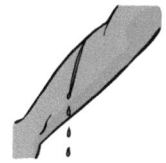

krvácanie

وینه تویدل

srdcový infarkt

د زره حمله

mozgová porážka

ضرب

alergia

حساسیت

kašeľ

ټوخی

teplota

تبه

chrípka

انفلوینزا

hnačka

نس ناستی

bolesť hlavy

سر درد

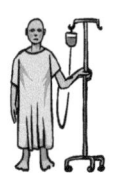

rakovina

سرطان

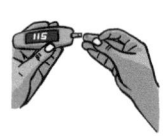

cukrovka

شكر

chirurg

جراح

skalpel

سکالپل

operácia

عملیات

CT

سي‌تي

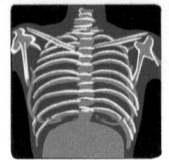

RTG

ایکس ری

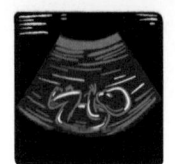

ultrazvuk

التراساوند

maska

د مخ ماسک

choroba

ناروغي

čakáreň

انتظار خونه

barla

امساآ

náplasť

پلستر

obväz

بنداژ

injekcia

تزریق

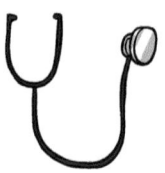

fonendoskop

ستاتسکوپ

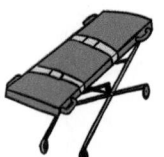

nosidlá

تسکیره

teplomer

کلینکي ترمامیټر

pôrod

زیږون

nadváha

زیات وزن

audiofón

د اوريدو مرسته

dezinfekčný prostriedok

د عفونيت څخه پاکونکي مواد

infekcia

عفونيت

vírus

ويروس

HIV / AIDS

ايچ.آی.وی/ايدز

medicína

درمل

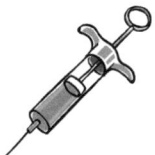

očkovanie

واکسين

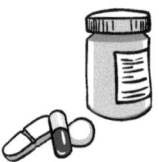

tabletky

تابليټس

antikoncepčná pilulka

ګولۍ

tiesňové volanie

عاجل تليفون

tlakomer

د ويني د فشار څارونکی

chorý / zdravý

ناروغ/روغ

Pomoc!

مرسته!

alarm

الارم

prepad

يرغل

útok

بريد

nebezpečenstvo

خطر

núdzový východ

عاجل لاره

Horí!

اور!

hasičský prístroj

د اور وژونکی

nehoda

پیښ.ه

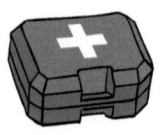

kufrík prvej pomoci

د لومړی مرستی لوازم

SOS

ايس.او.ايس

polícia

پولیس

Európa

اروپا

Severná Amerika

شمالي امريکا

Južná Amerika

سهيلي امريکا

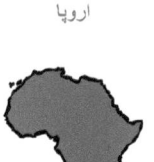

Afrika

افريقا

Ázia

آسيا

Austrália

آستّريليا

Atlantický oceán

اتلانتيک

Tichý oceán

پاسيفيک

Indický oceán

د هند بحر

Južný oceán

جنوبي منجمد بحر

Severný ľadový oceán

د شمال قطب بحر

Severný pól

شمالي قطب

Južný pól
....
سهيلي قطب

Antarktída
....
انټارکټیکا

Zem
....
خُمکه

krajina
....
خُمکه

more
....
بحر

ostrov
....
ټاپو

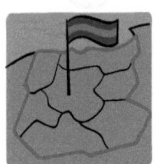

národ
....
ملت

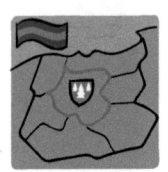

štát
....
دولت

ciferník

د مخي ساعت

hodinová ručička

د ساعت ستنه

minútová ručička

د دقیقي ستنه

sekundová ručička

د ثانیی ستنه

Koľko je hodín?

څه وخت دی؟

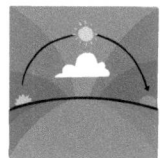

deň

ورځ

čas

وخت

teraz

اوس

digitálne hodiny

ډیجیټل ساعت

minúta

دقیقه

hodina

ساعت

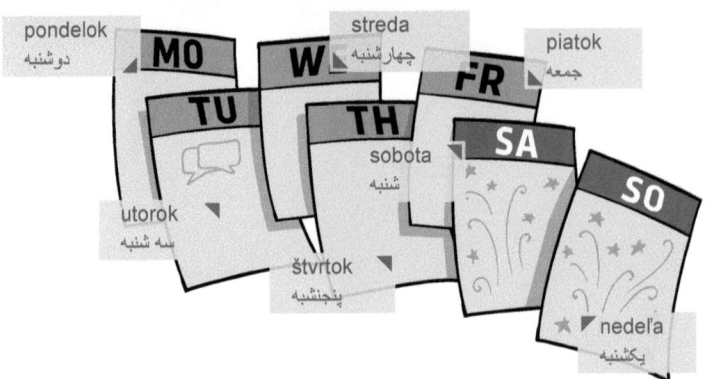

pondelok
دوشنبه

streda
چهارشنبه

piatok
جمعه

utorok
سه شنبه

štvrtok
پنجشنبه

sobota
شنبه

nedeľa
یکشنبه

včera

پرون

dnes

نن

zajtra

سبا

ráno

سهار

poludnie

غرمه

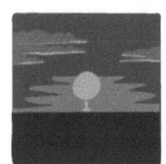

večer

ماښام

MO	TU	WE	TH	FR	SA	SU
1	2	3	4	5	6	7
8	9	10	11	12	13	14
15	16	17	18	19	20	21
22	23	24	25	26	27	28
29	30	31	1	2	3	4

pracovné dni

کاري ورځي

MO	TU	WE	TH	FR	SA	SU
1	2	3	4	5	6	7
8	9	10	11	12	13	14
15	16	17	18	19	20	21
22	23	24	25	26	27	28
29	30	31	1	2	3	4

víkend

د اونۍ پای

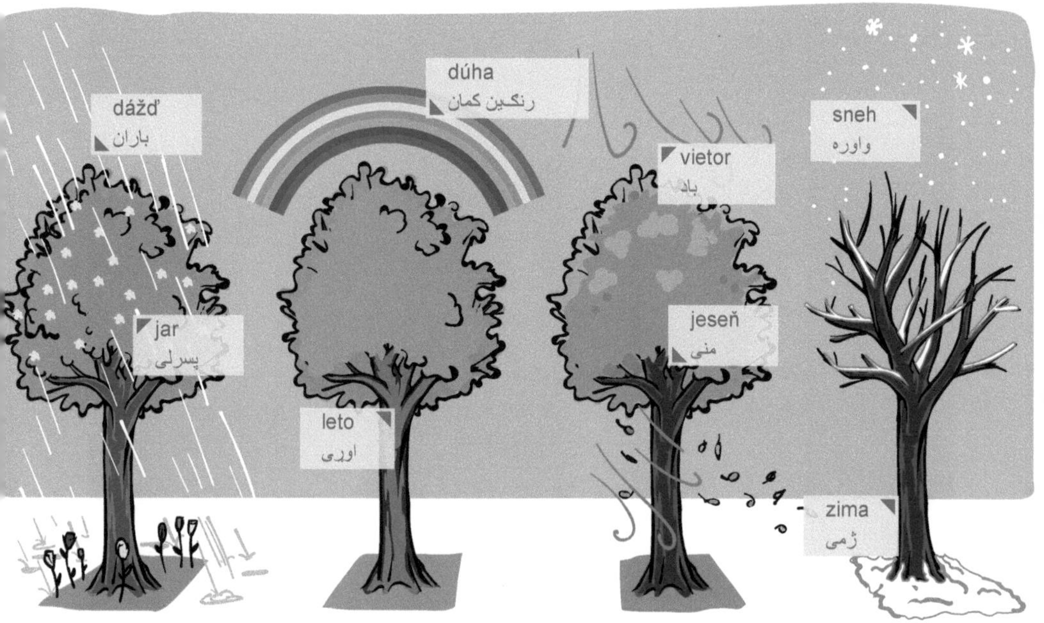

dážď
باران
dúha
رنګین کمان
vietor
باد
sneh
واوره
jar
پسرلی
leto
اوړی
jeseň
منی
zima
ژمی

4.APRIL 11°
5.APRIL 4°
6.APRIL 13°
7.APRIL 8°
8.APRIL 10°

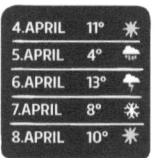

predpoveď počasia

د موسم وړاندوینه

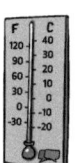

F C
120 40
90 30
60 20
30 10
0 0
-30 -10
-20

teplomer

ترمومیټر

slnečný svit

د لمر وړانګې

oblak

وریځ

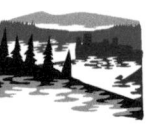

hmla

لړه

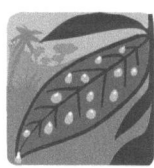

vlhkosť vzduchu

رطوبت

blesk

البرق

hrom

تندر

búrka

توفان

krúpy

لدیر ولی

monzún

مون سون باران

záplava

سیلاب

ľad

یخ

január

جنوري

február

فبروري

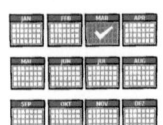

marec

مارچ

apríl

اپریل

máj

می

jún

جون

júl

جولای

august

اگست

september

سپتمبر

október

اكتوبر

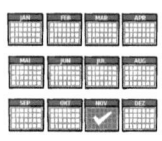

november

نومبر

december

دسمبر

tvary

شكلونه

kruh

دايره

štvorec

مربع

obdĺžnik

مستطيل

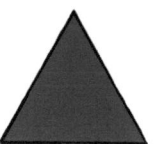

trojuholník

مثلث

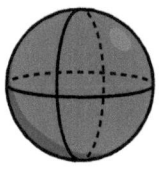

guľa

توپ

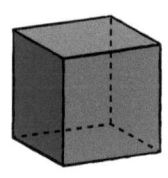

kocka

فال

biela

سپین

žltá

ژیر

oranžová

نارنجي

ružová

گلابي

červená

سور

fialová

ارغواني

modrá

نیلي

zelená

شین

hnedá

نسواري

šedá

خر

čierna

تور

veľa / málo

خورا ډير/خورا لږ

zúrivý / pokojný

قار/ارام

pekný / škaredý

ښکلی/بدشکله

začiatok / koniec

پيل/پای

veľký / malý

لوی/کوچنی

svetlý / tmavý

روښانه/تياره

brat / sestra

ورور/خور

čistý / špinavý

پاک/ککر

úplný / neúplný

مکمل/نامکمل

deň / noc

ورځ/شپه

mŕtvy / živý

مرلی/ژوندی

široký / úzky

پراخه/انری

chutný / nechutný

د خوراک وړ/نه خوړل کیدونکی

zlostný / láskavý

بد/مهربان

vzrušený / unudený

پاریدلو/بی خونده

tlstý / chudý

چاق/وچ

prvý / posledný

لومړی/اوروستی

priateľ / nepriateľ

ملګری/دښمن

plný / prázdny

ډک/تش

tvrdý / mäkký

سخت/نرم

ťažký / ľahký

دروند/سپک

hlad / smäd

لوږه/تنده

chorý / zdravý

ناروغ/روغ

nelegálny / legálny

غیرقانوني/قانوني

inteligentný / hlúpy

هوښیار/ساده

vľavo / vpravo

کین/ښیی

blízko / ďaleko

نزدیه/لری

nový / použitý

نوی/زوړ

nič / niečo

هیڅ/يو څه

starý / mladý

بد/خوان

zapnuté / vypnuté

چالان/بند

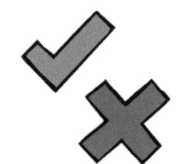

otvorené / zatvorené

خلاص/ترلی

tichý / hlasný

غلی/لور غږ

bohatý / chudobný

بډايه/غريب

správne / nesprávne

صحیح/غلط

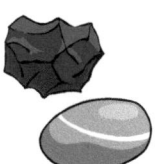

drsný / hladký

زير/ملايم

smutný / šťastný

خفه/خوش

krátky / dlhý

لنډ/اوږد

pomaly / rýchlo

سست/ګرندی

mokrý / suchý

لوند/وچ

teplý / studený

ګرم/يخ

vojna / mier

جګړه/سوله

0 nula صفر	**1** jeden يو	**2** dva دوه
3 tri دري	**4** štyri څلور	**5** päť پنځه
6 šesť شپږ	**7** sedem اوه	**8** osem اته
9 deväť نهه	**10** desať لس	**11** jedenásť يوولس

12

dvanásť

دولس

13

trinásť

ديارلس

14

štrnásť

څوارلس

15

pätnásť

پنځلس

16

šestnásť

شپارس

17

sedemnásť

وولس

18

osemnásť

اتلس

19

devätnásť

نولس

20

dvadsať

شل

100

sto

سل

1.000

tisíc

زر

1.000.000

milión

ميليون

angličtina

انگلسي

americká angličtina

امريكايى انگلسي

mandarínska čínština

چينايى مندرين

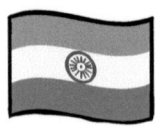

hindčina

هندي

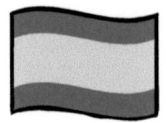

španielčina

هسپانوي

francúzština

فرانسوي

arabčina

عربي

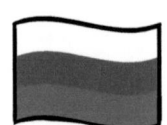

ruština

روسي

portugalčina

پرتگالي

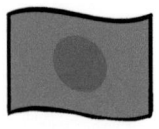

bengálčina

بنگالي

nemčina

آلماني

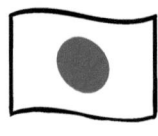

japončina

جاپاني

ja

زه

ty

ته

on/ona/ono

هغه/دغه/دا

my

موږ

vy

تاسي

oni

دوی/هغوی

kto?

څوک؟

čo?

څه؟

ako?

څنګه؟

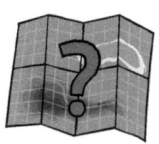

kde?

چیري؟

kedy?

کله؟

meno

نوم

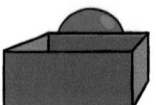

za

شاته

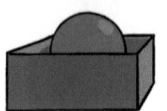

v

په

pred

په مخه کي

nad

باندي

na

په

pod

لاندي

vedľa

برسيره پر

medzi

ترمينځ

miesto

ځای